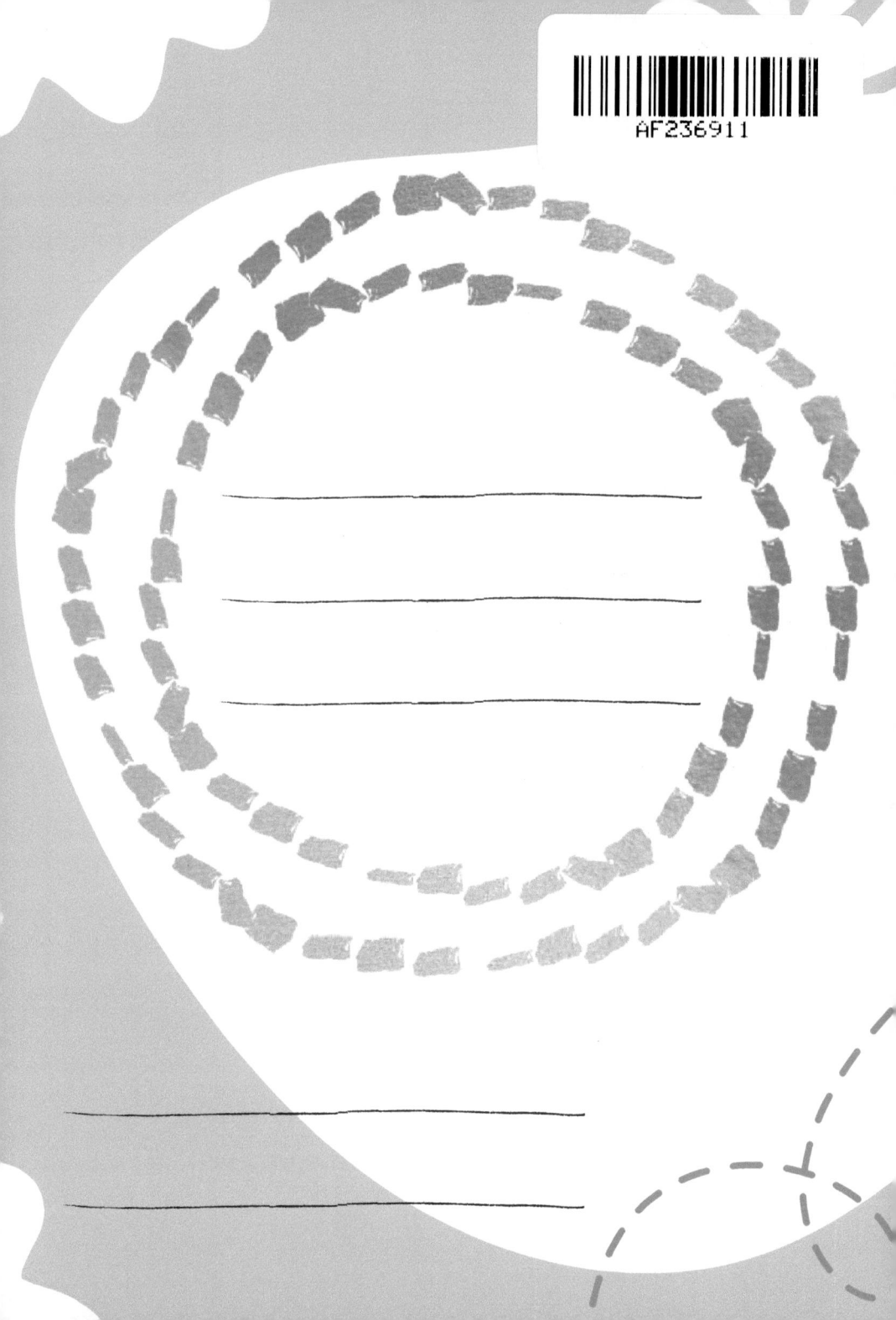

DIESES NOTIZBUCH
gehört:

_____

_____

_____

_____

Nougu Notizhefte

Weitere
Notizbücher,
Skizzenbücher,
Bullet Journals und
Malbücher sind
erhältlich.

www.nougubooks.com

Instagram: @nougu.books

© 2020 Nougu Notizhefte

Bibliografische Information der Deutschen Nationalbibliothek:
Die Deutsche Nationalbibliothek verzeichnet diese Publikation in der
Deutschen Nationalbibliografie; detaillierte bibliografische Daten sind
im Internet über dnb.dnb.de abrufbar.

Verlag und Herstellung: BoD - Books on Demand, Norderstedt

ISBN: 9783752647525

Inhalt

_____ ⬚

_____ ⬚

_____ ⬚

_____ ⬚

_____ ⬚

_____ ⬚

_____ ⬚

_____ ⬚

_____ ⬚

_____ ⬚

_____ ⬚

_____ ⬚

Inhalt

_____	☐
_____	☐
_____	☐
_____	☐
_____	☐
_____	☐
_____	☐
_____	☐
_____	☐
_____	☐
_____	☐
_____	☐

Farbe / Nr.

Farbe / Nr.

Farbe / Nr.

Farbe / Nr.

Farbe / Nr.

Farbe / Nr.

Farbe / Nr.

Farbe / Nr.

Farbe / Nr.